BEI GRIN MACHT SICH IHR
WISSEN BEZAHLT

AF135930

- Wir veröffentlichen Ihre Hausarbeit,
  Bachelor- und Masterarbeit

- Ihr eigenes eBook und Buch -
  weltweit in allen wichtigen Shops

- Verdienen Sie an jedem Verkauf

Jetzt bei www.GRIN.com hochladen
und kostenlos publizieren

Künstliche Intelligenz (KI) gestützte Prozedurale Synthese

Entwicklung und Ausblick

Iskender Dilaver

Bibliografische Information der Deutschen Nationalbibliothek:

Die Deutsche Nationalbibliothek verzeichnet diese Publikation in der Deutschen Nationalbibliografie; detaillierte bibliografische Daten sind im Internet über http://dnb.d-nb.de abrufbar.

ISBN: 9783346265234
Dieses Buch ist auch als E-Book erhältlich.

© GRIN Publishing GmbH
Nymphenburger Straße 86
80636 München

Druck und Bindung: Books on Demand GmbH, Norderstedt Germany
Gedruckt auf säurefreiem Papier aus verantwortungsvollen Quellen

Das Buch bei GRIN: https://www.hausarbeiten.de/document/936830

Technische Hochschule Brandenburg
University of Applied Sciences
OSMI online
Sommersemester 2019
Modul: Computergrafik I / Multimediatechnik

KI-GESTÜTZTE PROZEDURALE SYNTHESE

Entwicklung und Ausblick

Iskender Dilaver

Inhaltsverzeichnis

1.Einleitung und Zielsetzung

Seit Anfang des 21. Jahrhunderts ist der digitale Wandel in allen Bereichen des Lebens in der Weltgemeinschaft deutlich spürbar. Auf der Grundlage des Internets vernetzen sich immer mehr Menschen über Ihre Computer und Smart Devices miteinander.[1] Inzwischen fallen hierdurch noch nie dagewesene Datenmengen an, sodass das Augenmerk der Industrie und Forschung auf die Nutzbarmachung jener Informationen fällt.[2] Methoden des Big Data sind nun durch die vorhandenen Prozessor- und Speicherleistungen hinreichend vorhanden, um qualitatives Informationsmaterial für Künstliche Intelligenz (KI) bereitzustellen.[3] Diese bringt in jüngster Zeit beeindruckende Ergebnisse in verschiedenen Optimierungs- und Gestaltungsaufgaben in Erscheinung.[4] Zurzeit diskutiert die öffentliche Gemeinschaft das Thema zur Nutzung und den Umgang mit Künstlicher Intelligenz intensiv: Die Chancen seien einerseits vielversprechend und die Risiken beim unbedachten Umgang verheerend für unser Verständnis einer modernen Gesellschaft.[5] Dies führt somit zu einer kritischen Auseinandersetzung mit jeder technischen Errungenschaft, welche die Künstliche Intelligenz hervorbringt. Wie beispielsweise auch in einer Demovorstellung aufgeführten Projekts des amerikanischen Unternehmens NVIDIA Corporation, welches die ersten Schritte zum Echtzeitrendern von neuen 3D-Umgebungen und Objekten anhand von Videosequenzen aus realen Autofahrten in einigen Städten vorstellte.[6] Auffallend ist hierbei, dass das Verhalten von Objekten wie Autos und Passanten simuliert werden, die dem Verhalten von echten Verkehrsteilnehmern sehr

---

[1] Vgl. Statista: Anzahl der Internetnutzer weltweit in den Jahren 2005 bis 2017 sowie eine Schätzung für das Jahr 2018 (in Millionen), Dezember 2018, [online] https://de.statista.com/statistik/daten/studie/805920/umfrage/anzahl-der-internetnutzer-weltweit/ [07.07.2019]

[2] Vgl. Frauenhofer-Gesellschaft: Kommunikation und Wissen – Big Data, 2019, [online] https://www.fraunhofer.de/de/forschung/forschungsfelder/kommunikation-wissen/big-data.html [07.07.2019]

[3] Vgl. Sheldon, Robert: KI versus Big Data: Vergleich der aufstrebenden Technologien, Juni 2018, [online] https://www.computerweekly.com/de/feature/KI-versus-Big-Data-Vergleich-der-aufstrebenden-Technologien [07.07.2019]

[4] Vgl. Jaedtke, Kathleen: KI als kreative Intelligenz? 4 Misserfolge und 3 Erfolge, 06.03.2019, [online] https://blog.hubspot.de/marketing/kreative-intelligenz [07.07.2019]

[5] Vgl. Stiftung für effektiven Altruismus: Künstliche Intelligenz: Chancen und Risiken – Diskussionspapier, 2015, [online] chrome-extension://oemmndcbldboiefnladdacbdfmadadm/https://ea-stiftung.org/s/Kunstliche-Intelligenz-Chancen-und-Risiken.pdf [07.07.2019]

[6] Vgl. Nvidia Corporation: NVIDIA Invents AI Interactive Graphics, 03.12.2018, [online] https://news.developer.nvidia.com/nvidia-invents-ai-interactive-graphics/?ncid=so-you-ndrhrhn1-66582 [07.07.2019]

ähneln. Diese Vorstellung Ende 2018 ist für mich Anreiz dieser Arbeit, welche den LeserInnen einen allgemeinen Überblick über praxisnahe Methoden und Techniken aufzeigen soll, die im Rahmen der prozeduralen Synthese genutzt werden, um schnell und speicherschonend in verschiedenen Anwendungsbereichen komplexe Medien- und Programminhalte zu erzeugen. Zudem soll sowohl der Einsatz von Künstlicher Intelligenz in diesem Kontext und seinen Auswirkungen aufgezeigt, sowie die zukünftigen Potenziale in diesem Bereich diskutiert werden.

2. Die Prozedurale Synthese

Der Begriff „prozedural" beschreibt zunächst in der Informatik einen Prozess zur Berechnung konkreter Funktionen. Dies war und ist ein maßgeblicher Antrieb in der Computerentwicklung voranzuschreiten, um komplexere und schwierigere Berechnungen auszuführen. Spätestens 1975 prägte Benoit Mandelbrot mit dem Begriff der „Fraktale" mathematisch berechnete geometrische Muster, die erst mit Computerberechnungen detaillierte Bilder wie zum Beispiel der Mandelbrot-Menge (auch bekannt als „Apfelmännchen") hervorbrachten.[7][8] Hierauf basierend wurden speziell in der Videospielindustrie prozedurale Algorithmen zur Entwicklung von Computerspielobjekten entwickelt.[9] Gerade das Entwickeln von Texturen, das Animieren von Bildobjekten und implementieren von Spielmechaniken erforderten prozedurale Algorithmen, um höchstmöglichen Unterhaltungswert, bei vergleichbar bescheidenen Handwareleistungen jener Zeit, zu ermöglichen.[10] Heutzutage ist die Prozedurale Synthese in der Videospielindustrie gängige Praxis.[11] In dieser Arbeit, werden Beispiele zur Prozeduralen

---

[7] Vgl. Welt (Axel Springer SE): Vater der Fraktale - Mandelbrot bewies die Schönheit der Mathematik, 17.10.2010, [online] https://www.welt.de/wissenschaft/article10361079/Mandelbrot-bewies-die-Schoenheit-der-Mathematik.html [07.07.2019]

[8] Vgl. Dambeck, Holger: Numerator: Apfelmännchen erobert die dritte Dimension, in: Spiel Online / Wissenschaft, 29.12.2009, [online] https://www.spiegel.de/wissenschaft/mensch/numerator-apfelmaennchen-erobert-die-dritte-dimension-a-669220.html [07.07.2019]

[9] Vgl. Jan Bojaryn: Prozedurale Generierung – Computer werden kreativ, 10.04.2014, [online] https://www.golem.de/news/prozedurale-generierung-computer-werden-kreativ-1404-105415.html [07.07.2019]

[10] Vgl. Bojaryn (2014): Not macht erfinderisch: Unendliche Welten aus Ressourcenmangel, in: Prozedurale Generierung – Computer werden kreativ, [07.07.2019]

[11] Vgl. Adams, Tarn: Procedural Generation in Game Design, 1. Auflage, Boca Raton, USA: CRC Press, 2017, S. 3.

Synthese insbesondere aus videospielnahen Industrien vorgestellt, da sich viele Anwendungsfälle der Branche entsprechend in andere Bereiche übertragen lassen.

2.1 Unterscheidung zu Prozeduraler Content Generation

Da fachspezifische Literatur in der Computerspielentwicklung vorrangig englischsprachig vorhanden ist, wird die Prozedurale Content Generation (PCG) und Prozedurale Synthese (PS) oft gleichbedeutend oder als Prozedurale Generierung übersetzt. Jedoch gibt es Quellen, die durchaus Unterschiede anmerken. Hier wird in erster Linie betont, dass PCG auch Einfluss auf die Interaktion und die im Spiel geltenden Regeln (Gameplay) einnimmt und manuell designte Spielobjekte mitberücksichtigt. Wohingegen in der PS per se vorgerenderte Elemente -zum Beispiel von Lichtverhältnissen in virtuellen Umgebungen- vermieden und das Echtzeitrendern bevorzugt wird (siehe: Ray-Tracing).[12] Ferner betrachtet man den Zufallsaspekt der Algorithmen auf unterschiedliche Weisen. „The concept of randomness is also key: procedural content generation should ensure that from a few parameters, a large number of possible types of content can be generated."[13] In den folgenden Kapiteln wird Prozedurale Synthese stellvertretend für beide Ansatzweisen der obengenannten Definitionen betrachtet.

2.2 Ziele der Prozeduralen Synthese

Wie bereits erwähnt bietet PS in verschiedenen Bereichen der Computerspielentwicklung zeit- und platzsparende Möglichkeiten im Vergleich zu manuell konstruierten Spielelementen.[14] Durch Parameter wird ferner sichergestellt, dass die zu erzeugenden Spielobjekte bei jedem Programmstart gleich aussehen oder auch veränderbar und erweiterbar bleiben. Andererseits stellt sich für bestimmte Spiele der Zufallsaspekt der Algorithmen als wichtige Spielmechanik heraus. Hierdurch sind zum Beispiel neugeschaffene Leveldesigns möglich, die sich bei jedem Spielantritt neu „berechnen" lassen. Diese „Rouge-Like" Spiele besetzen, seit Veröffentlichung

---

[12] Vgl. PCG Wikidot: What is Procedural Content Generation?, 06.07.2019, [online] http://pcg.wikidot.com/ [07.07.2019]
[13] Vgl. PCG Wikidot (2019) ebenda [07.07.2019]
[14] Vgl. PCG Wikidot (2019) [07.07.2019]

des namensgebenden Computerspiels Rouge 1980 von Michael Toy und Glenn Wichman, ihr eigenes Genre auf dem Markt.[15]

3. Ansätze der Prozeduralen Synthese

Die PS bedient sich wie zuvor angeschnitten prozeduraler Algorithmen, die sich je nach Einsatzbereich für die Implementierung eignen. Diese können auf zufälligen oder pseudo-zufälligen Prozessen beruhen, die somit die gewünschten Programm- oder Medieninhalte in Echtzeit erzeugen können.[16] In den folgenden Kapiteln werden einige der gängigsten Ansätze und Algorithmen der PS mit Zuzug entsprechender Computerspiele als repräsentative Beispiele vorgestellt.

3.1 Der suchbasierte Ansatz (search-based approach)

Der suchbasierte Ansatz, vertritt in erster Linie die Idee durch eine vordefinierte Suche von „Methapern"[17] Elemente zu schaffen, die für den vorgegebenen Anwendungsfall „gut genug sind".[18] Hierbei werden evolutionäre Suchalgorithmen angewandt, die durch die projizierten Regeln der natürlichen Auslese, ganz nach Vorbild von Charles Darwin, iterativ Spielelemente erzeugen.[19] Nach der Übertragung dieser Regeln in die gewünschte Art des Spielelements, werden durch Evaluationsfunktionen (auch: Fitnessfunktionen) die Eignung der generierten Elemente festgestellt.[20] Zusammenfassend beruht der suchbasierte Ansatz auf drei wesentlichen Grundpfeilern die im Folgenden näher beleuchtet werden sollen:

---

[15] Vgl. Dotson, Carter: The Beginner's Guide to Rougelikes, 24.06.2019, [online] https://www.lifewire.com/what-are-roguelikes-4117411 [08.07.2019]
[16] Vgl. Shaker, Noor / Togelius, Julian / Nelson, Mark J.: Procedural Content Generation in Games, 1. Auflage, Cham, Schweiz: Springer, 2016, S. 1f.
[17] Shaker et al., 2016, S. 17
[18] Shaker et al., 2016, ebenda
[19] Vgl. Shaker et al., 2016, S.18
[20] Vgl. Shaker et al., 2016, ebenda

3.1.1 Der evolutionäre Suchalgorithmus

Der evolutionäre Suchalgorithmus (ES) ist wie zuvor beschrieben aus den Konzepten Darwins zur natürlichen Selektion abgeleitet. Hiernach sind Individuen einer Population zufälligen Mutationen unterworfen, die in der nächsten Generation neue Merkmale und Eigenschaften hervorbringen, mit denen einige Individuen bessere Überlebenschancen erlagen.[21] Innerhalb der PS geht es darum aus einer Reihe erzeugter Spielelemente die „passendste" zu selektieren. Die einzelnen Schritte dieses Algorithmus lassen sich wie folgt in einer Art Pseudocode leicht auflisten:

1. Initialisiere eine Population von $\mu + \lambda$ Individuen. Diese Individuen können zufällig generiert sein, Individuen aus einer vorherigen Generation oder vordesignte Elemete beinhalten.
2. Lass die Population zufällig mutieren. Dies ist ein optionaler Schritt, der hilft zu diskrete Individuen zu vermeiden und Übergangsvariationen zu bewahren.
3. Weise den Individuen durch die Evaluationsfunktion Fitnesswerte zu.
4. Sortiere die Population nach aufsteigendem Fitnesswert.
5. Entferne die „schlechtesten" λ-Individuen
6. Ersetze die entfernten Individuen durch Kopien der verbliebenden μ-Individuen. Diese Kopien werden dann λ-offspring Individuen genannt.
7. Mutiere die λ-offspring Individuen.
8. Stopp die Iteration, wenn „erfolgreiche" Individuen hervorgebracht werden, oder die maximale Anzahl an Generationen erreicht ist. Ansonsten gehe zurück zu Schritt 2.[22]

3.1.2 Die Content Repräsentation (content representation)

Die Content Repräsentation ist ein wichtiger Prozess zur semantischen Verknüpfung der Algorithmen mit den erwünschten Inhalten.[23] Beispielsweise kann ein Level in einem Spiel in

---

[21] Vgl. Darwin, Charles: The Origin of Species - By Means of Natural Selection, or the Preservation of Favoured Races in the Struggle for Life, 1. Auflage (1876), Digitale Version, New York, USA: Cambridge University Press, 2009, S. 62ff.

[22] Vgl. Shaker et al., 2016, S.19

[23] Vgl. Shaker et al., 2016, S. 20

ein Array übertragen werden, dessen Werte die verschiedenen Elemente darin beschreibt. Hierzu wird in nachfolgenden Kapiteln näher am Beispiel des Computerspiels StarCraft von Blizzard Entertainment eingegangen. Dieser Prozess ist deswegen wichtig, um im Endergebnis der Generierung von prozeduralen Elementen starke Abweichungen zu vermeiden.[24]

3.1.2 Evaluationsfunktionen

Nachdem Spielelemente erzeugt wurden, wird geprüft, ob diese den gewünschten Anforderungen genügen. Hierbei gibt es verschiedenen Ansätze, um überhaupt Anforderungen zu stellen. In der Videospielindustrie werden diese Anforderungen oft mit „spaßig" umschrieben. Der Spaß, der durch die Interaktion mit Spielelementen entsteht ist oft das Maß der Güte in Videospielen. Wissenschaftlich wurde „Spaß" im Rahmen dieses Kontextes von Togelius beleuchtet.[25] Er beschreibt hierzu drei Ansätze oder auch Kategorien von Evaluationsfunktionen für suchbasiert und prozedural generierten Spielinhalten (Direkte Evaluationsfunktionen, simulationsbasierte Evaluationsfunktionen und interaktive Evaluationsfunktionen), die in dieser Arbeit nicht tiefergehend behandelt werden sollen.[26] Hervorzuheben sind jedoch die Vor -und Nachteile der genannten Evaluationsansätze. Der direkte Ansatz hebt sich durch seine schnelle Umsetzung besonders hervor. Der simulationsbasierte Ansatz benötigt einen Spielagenten oder eine KI, die das Spiel selbstständig testet. Der interaktive Ansatz erfordert eine kritische Anzahl an realen Spielern um nutzbare Ergebnisse zu generieren.

3.1.3 Beispiel: Die StarCraft-Reihe

Das Spiel StarCraft ist ein im Jahre 1998 erschienenes Computerspiel von Blizzard Entertainment. Es ist ein weitbekannter Vertreter des Real-Time-Strategy (kurz: RTS) Genres und ist mit den Fortsetzungen Starcraft II und Starcraft: Remastered immer noch ein

---

[24] Vgl. Shaker et al., 2016, S. 20ff.
[25] Vgl. Togelius, J / Nardi, R.D., Lucas, S.M.: Making racing fun through player modeling and track evolution, in: Proceedings of the SAB'06 Workshop on Adaptive Approaches for Optimizing Player Satisfaction in Computer and Physical Games, 2016
[26] Vgl. Shaker, et al., 2016, S.23f.

vielgespieltes Computerspiel, welches sich auch im Rahmen des eSports einer großen Gemeinschaft und Zuseherschaft erfreut.[27] Das Spielprinzip beinhaltet, dass in einer fiktiven/futuristischen Welt mehrere Spieler sich mit verschiedenen Klassen von Zivilisationen durch Basisbau, Wirtschaftsaufbau und militärischer Auseinandersetzung im selben Level (=Map) behaupten müssen.[28]

Abb. 1: Screenshot des Starcraftgames (Game Watcher, 2010)

Abb. 2: Screenshot einer Starcraft Map (Starcraft fandom, 2013)

Content Repräsentation: Die Maps werden als Vektoren von realen Zahlen mit ca. 100 Dimensionen repräsentiert. Diese Parameter bestimmen über gewisse Eigenschaften der Objekte, die auf der Map generiert werden sollen. Diese Eigenschaften beinhalten Informationen zur Position, Passierbarkeit oder Grafik. Diese Vektoren werden dann als zweidimensionale Matrix zu Blöcken zusammengefasst und anschließend in ein gültiges Starcraft Map Format übersetzt.[29]

Evaluation: Acht verschiedene Evaluationsfunktionen werden genutzt, um unterschiedliche Aspekte bei der prozeduralen Synthese zu berücksichtigen. Diese schließen viele taktische Einzelheiten mit ein, um eine faire Map mit gleichen Ausgangsbedingungen zu generieren. Besonders werden hier durch den A*Algorithmus Pfade auf der Map ausfindig gemacht, die darüber entscheiden wie Objekte in der Spielwelt verteilt und somit erreichbar für die Spieler

[27] Vgl. Borda, Boris: Starcraft 2: Wings of Liberty - So geht es in Zukunft weiter - Zusammenfassung der BlizzCon 2016, 05.11.2016, [online] https://www.pcgames.de/Starcraft-2-Wings-of-Liberty-Spiel-34650/News/So-geht-es-in-Zukunft-weiter-Zusammenfassung-der-BlizzCon-2016-1212607/ [08.07.2019]
[28] Vgl. Fachstelle für Jugendmedienkultur: Starcraft2, in: Spieleratgeber NRW, o. J., [online] https://www.spieleratgeber-nrw.de/Starcraft-2.3182.de.1.html [08.07.2019]
[29] Vgl. Shaker et al., 2016, S. 25.

sind. Es werden auch Freiflächen beachtet, welche über taktische Begebenheiten bestimmen und somit auch als gewichtige Faktoren über den „Spaß" des Spiels entscheiden.[30]

Algorithmus: Wie man aus der Anzahl der Evaluationsfunktionen vermuten kann, müssen viele Eigenschaften im Suchalgorithmus beachtet werden. Hierbei hat sich das SMS-EMOA (Effektive evolutionäre Mehrzieloptimierung) als Standardansatz herauskristallisiert, sodass entsprechend hinreichend gute Ergebnisse erzielt werden konnten.[31]

3.1.4 Andere Beispiele

Basierend auf dieselbe bzw. ähnliche Herangehensweise, gibt es weitere Computerspiele aus verschiedenen Genres, die prozedurale Level oder Maps kreieren. Auch außerhalb der Computerspielbranche, wird nach demselben Prinzip prozedural synthetisiert. Beispiele finden sich hierzu in der Musikproduktion oder auch in Branchen zur Bildbearbeitung.[32]

3.2 Konstruktive Generierung (constructive generation)

Die konstruktive Generierung zeichnet sich vor allem dadurch aus, dass die genutzten Algorithmen in fixen Zeitabschnitten laufen. Oft ist dieser Zeitabschnitt so klein, dass Sie in Videospielen innerhalb den Programmlaufs stattfinden können. Zudem existiert keine Evaluation des Resultats und somit auch keine „Verbesserung" des erzeugten Inhalts. Ähnlich wie im evolutionären Ansatz ist die Handhabung vergleichsweise leicht. Insbesondere Spiele des Rouge-like Genres, die meistens mit Dungeon-Umgebungen (Dungeon=Verlies) arbeiten, nutzen diesen Ansatz unteranderem als elementare Spielmechanik.[33] Wie in folgenden Beispielen gezeigt wird, werden hierbei immer neue, sich voneinander unterscheidende Level generiert, die die Spieler stets vor neuen Herausforderungen stellen. Auch mit diesem Ansatz

---

[30] Vgl. Shaker et al., 2016, ebenda
[31] Vgl. Shaker et al., 2016, ebenda
[32] Vgl. Eno, Brian: Generative Music, in: A talk delivered in San Francisco, 08.06.1996, [online] www.inmotionmagazine.com/eno1.html [07.07.2019]
[33] Vgl. Shaker et al., 2016, S. 31f.

sind verschiede Herangehensweisen möglich. In den folgenden Unterkapiteln werden die populärsten Ansätze vorgestellt.

3.2.1 Raumpartitionierung zur Dungeon-Generierung

Die Raumpartitionierung dient dazu einen Raum in kleinere Teilräume zu unterteilen. Diese Teilräume, auch Zellen genannt, werden dann rekursiv bis zur gewünschten Größe unterteilt. Da diese Partitionierung einer gewissen Hierarchie folgt, ist hierdurch das Erstellen eines Raumpartitionsbaums möglich, mit dessen Hilfe später schnelle Berechnungen zur Erzeugung von prozeduralen Leveln möglich ist.[34] Die beliebteste Methode zur Raumpartitionierung ist die binäre Raumpartitionierung (binary space partitioning auch: BSP), dessen Grundlage durch einen BSP-Baum abgebildet werden kann. Jede Raumpartition hat die Eigenschaft nochmals im zweidimensionalen Raum in Quadranten und im dreidimensionalen Raum in Oktanten unterteilt zu werden.[35]

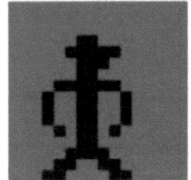 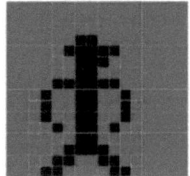
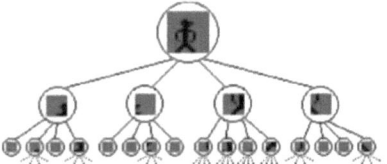

Abb. 3: Unterteilung einer 2D-Umgebung im Sinne der Raumpartitionierung. (Shaker, 2016)

Abb. 4: Abgeleiteter BSP-Baum. Durch die gebotene Hierarchie kann ein Algorithmus die einzelnen Räume gezielt ansteuern. (Shaker, 2016)

Konkreter wird ein Dungeon, welches ein Level beschreibt, das quasi einem Höhlensystem ähnelt, in Räume unterteilt, die von einem Spieler betretbar sind. Nachdem so eine Raumeinteilung erfolgt ist, werden Zugänge zu Räumen geschaffen, die sich im BSP-Baum auf einem Pfad befinden.[36]

---

[34] Vgl. Shaker et al., 2016, S. 33f.
[35] Vgl. Shaker et al., 2016, ebenda
[36] Vgl. Shaker et al., 2016, S. 34.

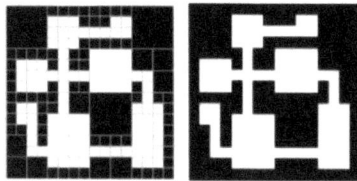 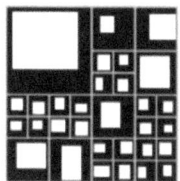 

Abb. 5: Unterteilung eines konkreten Dungeons mithilfe der Raumpartitionierung. (Shaker, 2016)

Abb. 6: Zunächst werden die Räume erzeugt. Daraufhin werden „Tunnel" oder „Korridore" erstellt, die die einzelnen Räume so verbinden, dass Start- und Endraum einem gemeinsamen Pfad folgen.

Auch für den Ablauf dieser konstruktiven Generierung lässt sich ein simpler Pseudocode, erstellen, um eine Raumpartitionierung zur Dungeon-Generierung besser nachvollziehen zu können:

1. Starte mit dem gesamten Raum, welches dem Dungeon zur Verfügung steht. (Startknoten des BSP-Baums)
2. Teile den Raum horizontal oder vertikal auf.
3. Wähle einen der beiden neuerzeugten Partitionszellen.
4. Wenn die Zelle größer ist als die minimal akzeptierte Größe: Gehe zurück zu Schritt 2
5. Wähle die andere Zelle und gehe zu Schritt 4.
6. Für alle Zellen:

   Erstelle einen Raum innerhalb der Zellengeometrie, mit zufälligen Ausmaßen und zufälliger Position.

7. Zeichne Korridore ein die jeden Raum miteinander verbinden die nach dem BSP-Baum Kinder derselben Eltern sind.
8. Wiederhole Schritt 7 solange bis alle die Kinder des Startknotens miteinander verknüpft sind.[37]

---

[37] Vgl. Shaker et al., 2016, S. 36f.

Zur besseren Veranschaulichung kann die Raumpartitionierung und die Verbindung der Räume durch Korridore in folgenden Grafiken noch einmal nachvollzogen werden.

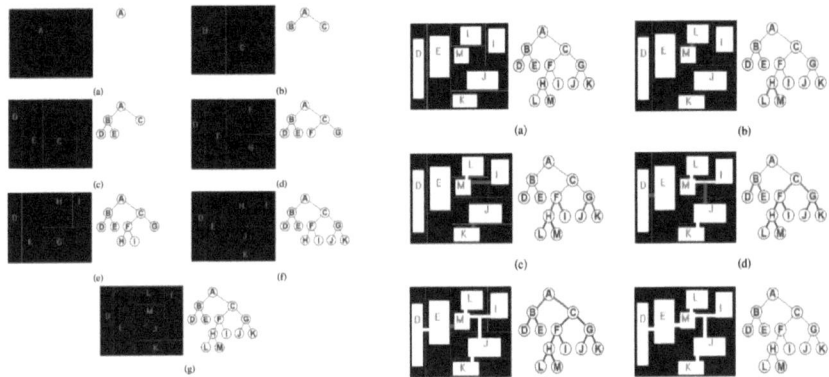

Abb. 7: Einzelne Schritte der Raumpartitionierung entsprechend des obengenannten Algorithmus. Zudem Entwicklung des BSP-Baums in den einzelnen Schritten. (Shaker, 2016)

Abb. 8: Verbindung der der Räume durch Korridore in chronologischer Reihenfolge. Entsprechend werden zusammenhängende Pfade im BSP-Baum nachvollzogen. (Shaker, 2016)

Ein besonderer Vorteil der Raumpartitionierung ist das Überlappungen von Räumen ausgeschlossen sind.[38]

3.2.2 Agent-basierte Dungeon-Generierung

In der Agent-basierten Dungeon-Generierung wird ein Agent genutzt, der quasi „Tunnel" in die entsprechenden Räumen „gräbt" und dadurch neue Räume gestaltet.[39] Diese Herangehensweise verleiht dem Dungeon ein organisches Wachstum, jedoch sind je nach Agenten mit unvorhersehbaren Räumen zu rechnen.[40] Diese Unberechenbarkeit führt dazu, dass gute Ergebnisse nur nach dem „Trial and Error" Prinzip erzielt werden können, auch wenn weniger zufallsbasierte Agenten genutzt werden könnten.[41]

---

[38] Vgl. Shaker et al., 2016, S. 37.
[39] Vgl. Shaker et al., 2016, S. 38f.
[40] Vgl. Shaker et al., 2016, ebenda.
[41] Vgl. Shaker et al., 2016, S. 39.

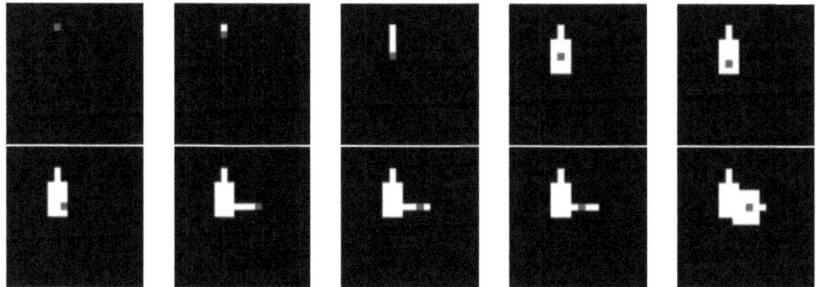

Abb. 8: Mit einem stochastischen Agenten ist es nicht ausgeschlossen, dass Räume sich überlappen. Zudem besteht auch die Wahrscheinlichkeit Sackgassen zu erzeugen, die je nach Anforderung nicht gewünscht sind. (Shaker, 2016)

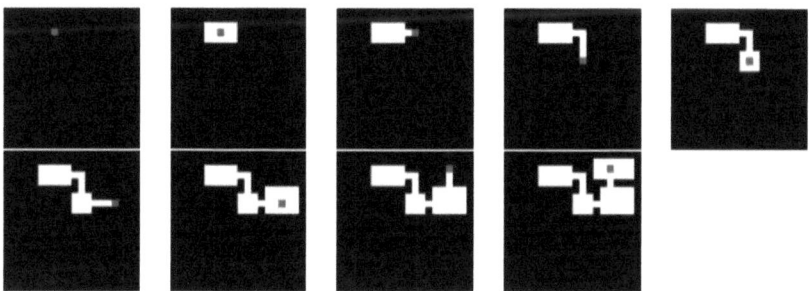

Abb. 10: Einem „look-ahead" Agenten liegen Informationen über die gesamte Umgebung zur Verfügung, sodass die Raumnutzung ohne Überlappung und Sackgassen optimiert werden kann. (Shaker, 2016)

3.2.3 Beispiel Spelunky

Spelunky ist ein Computerspiel, welches von dem Indie-Entwickler Derek Yu 2008 veröffentlicht wurde. Dieser 2D-Platformer zeichnet sich dadurch aus, dass jedes Level bei Spielantritt neu generiert wird. Somit gleicht kein Level dem anderen und die Schwierigkeit zur Bewältigung der Level nimmt mit fortschreitendem Spielverlauf zu.[42]

---

[42] Vgl. Shaker et al., 2016, S. 49.

 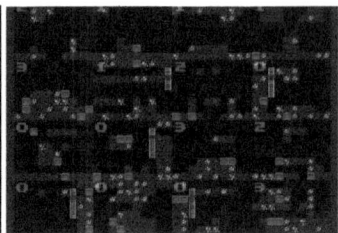

Abb. 11: Screenshot zu Spelunky (PS Blog, 2017) Abb. 12: Map von Spelunky (Polygon, 2013)

Jedes Level in Spelunky wird in 4 x 4 Abschnitte unterteilt, welche jeweils 16 Räume beinhalten, die wiederrum durch Korridore vom Anfangsraum bis zum Endraum verbunden sind. Teil der Spielmechanik ist aber auch, dass es Räume gibt, die vermeintlich keine Zugänge haben. Hier gibt es dann entsprechende Spielelemente wie „Bomben", um bestimmte Wände einzureißen, sodass Räume neue Zugänge erlangen.[43]

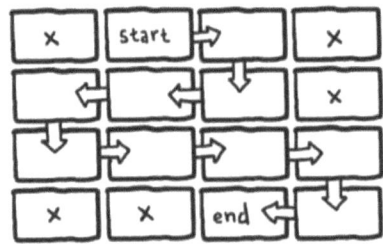

Abb. 13: Layout einer Spelunky Map mit Start- und Endraum und den Verbindungspfaden der Räume. (Shaker, 2016)

Die einzelnen Räume beinhalten sogenannte Chunks, die Informationen zu Spielobjekten beinhalten. Diese können Gegenstände sein, die der Spieler benötigt, Hindernisse die überquert oder auch Gegner sein, denen ausgewichen werden muss. Bei jeder Erzeugung der Level werden die Chunks nach bestimmten Regeln zufällig ausgefüllt, sodass immer wieder neue Spielsituationen in den einzelnen Räumen entstehen.[44]

---

[43] Vgl. Shaker et al., 2016, S. 50f.
[44] Vgl. Shaker et al., 2016, ebenda.

Abb. 14: In den Chunks sind die Informationen zu den entsprechenden Spielelementen enthalten. Hier sind einige in den roten Kreisen hervorgehoben. (Shaker, 2016)

3.3 Fraktale und Agenten zur Landschaftsgenerierung

Viele Spiele finden in Umgebungen statt, die in irgendeiner Form eine Landschaft erfordern. Auch die Objekte die in dieser Landschaft zu finden sind, können prozedural generiert sein, jedoch wird einer Landschaft ein Terrain vorausgesetzt, welches in den meisten Fällen eine natürliche Umgebung nachahmt. Diese Terrains zeichnen sich insbesondere durch Höhenfelder aus, um authentisch zu wirken. Gebirgsketten, Hügelformationen oder Plateaus kommen in der Natur überall vor und sind charakteristische Merkmale für dessen Geometrie.[45] Mithilfe von Fraktalen werden, ähnlich wie in der prozeduralen Texturgenerierung, stochastische Algorithmen angewandt, um eine möglichst organische und somit natürliche Erscheinung von Landschaften zu gewährleisten. Als ein exemplarisches Beispiel ist der weitverbreitete Gebrauch des Diamond-Square-Algorithmus zu nennen, welches eine zweidimensionale Mittelpunktverschiebung (Midpoint-Displacement) vornimmt, um somit weiche und realistische Übergänge zwischen Fraktalen und ihren

---

[45] Vgl. Shaker et al., 2016, S. 57.

Höhenabmessungen zu schaffen.[46] Im Folgenden wird diese Methode zur prozeduralen Landschaftsgenerierung näher beleuchtet.

3.3.1 Diamond-Square-Algorithmus

Der Diamond-Square-Algorithmus bedient sich einer rekursiven Berechnung von Quadraten und deren Eckpunkten, die mit Höhenwerten initialisiert werden. Darauf passt der Algorithmus Mittelwerte im Mittelpunkt und an den Seitenpunkten an, um geschmeidige Höhenunterschiede zu generieren.

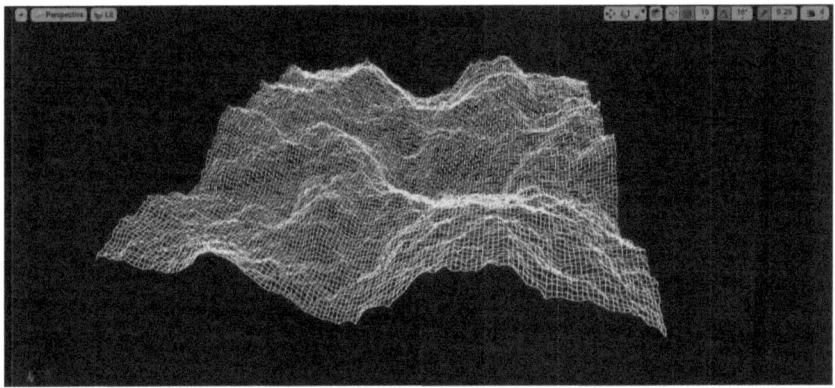

Abb. 15: Resultat eines mit dem Diamond-Square Algorithmus erzeugten Terrains. (Unreal Engine Forum, 2015)

Diese Grundidee bieten eine schnelle und authentische Möglichkeit, gewünschte Landschaftsformationen zu erzeugen, die in großen Spielwelten mit entsprechender Hardwareleistung dargestellt werden können. Tiefergreifend werden dann durch Agenten bestimmte Regeln zur Setzung von Spielweltobjekten wie Bäume, Felsen oder Flussläufe

---

[46] Vgl. Shaker et al., 2016, S. 63ff.

angewandt.[47] In der folgenden Darstellung sind die einzelnen Schritte des Diamond-Square-Algorithmus aufgeführt:

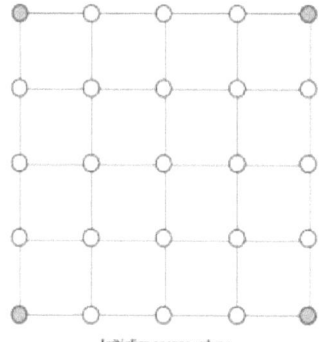

Abb. 16.1: Zunächst werden die Eckpunkte eines Gebiets mit Initialwerten initialisiert. (Shaker,

Abb. 16.2: Daraufhin wird der Mittelpunkt mit dem Wert der Mittelwerte der Eckpunkte plus einer beschränkten zufälligen Zahl belegt. (Shaker, 2016)

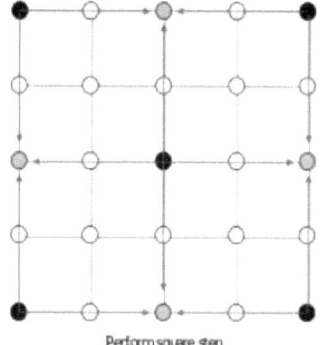

Perform square step

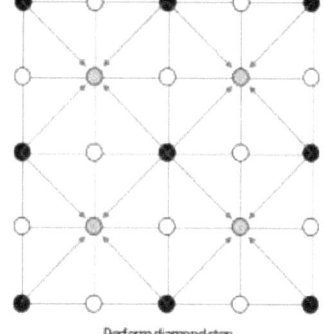

Perform diamond step

Abb. 16.3: Als Nächstes werden vom Mittelpunkt ausgehend die Seitenpunkte wie im Anfangsschritt erzeugt. (Shaker, 2016)

Abb. 16.4: Nun werden Mittelpunkte der neu entstandenen Quadrate in bekannter Form ermittelt. (Shaker, 2016)

---

[47] Vgl. Shaker et al., 2016, S. 65ff.

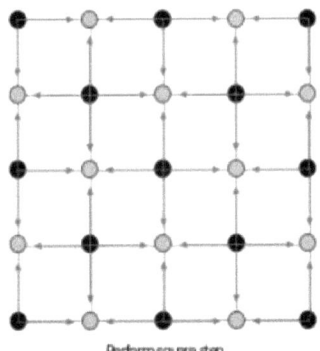

Perform square step

Abb. 16.5: Wie in Abb. 16.3 werden nun die letzten übriggebliebenen Seitenpunkte ermittelt. (Shaker, 2016)

3.3.2 Weitere Algorithmen

Eine weitere erfolgreiche Methode zur prozeduralen Generierung von Landschaften und weiterer Spielelemente ist durch die Perlin-Noise Methode möglich. Sie ermöglicht zunächst pseudozufällige Texturen, die jedoch bei binärer Auslage -wenn z.B nur schwarz-weiß Werte genutzt werden- in Höhenwerte übersetzt werden können.[48] Somit eignet sich dieser Algorithmus, der mittels Überlagerung von fraktalen Rauschfunktionen Gradienten schafft, auch gut zur Terrainerzeugung. Diese Art der Textursynthese wurde durch Ken Perlin 1982 für den Film Tron entwickelt, welcher 1997 mit einem Oscar-Preis gewürdigt wurde.[49]

---

[48] Vgl. Shaker et al., 2016, S. 61f
[49] Vgl. Shaker et al., 2016, ebenda

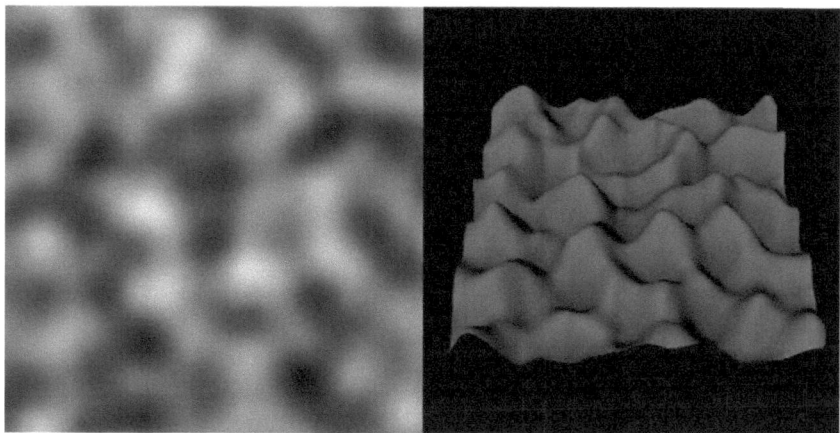

Abb. 17: Links: Durch die Perlin-Noise Methode werden Rauschfunktionen überlagert. Sodass Texturen mit Gradienten entstehen. Rechts: Diese werden dann in Höheninformationen übersetzt, sodass überzeugende Landschaften erzeugt werden können. (Research Gate, 2015)

Ferner ist auch die Doran und Parberry Terrain Generation Methode erwähnenswert, welche durch 5 verschiedene Agenten Küstenlinie, Landform und Erosion simuliert. Der Vorteil dieser Methode ist, dass leichter Parameter genutzt werden können, um gewünschte Eigenschaften in die Landschaft zu integrieren.[50]

3.4 L-Systeme

L-Systeme gehen zurück auf die Arbeit von Aristid Lindenmayer, der 1968 eine axiomatische Theorie zu biologischen Entwicklungsprozessen in einen mathematischen Kontext fasste.[51] Mittels Produktionsregeln werden hierbei meistens rekursive Ersetzungen durchgeführt, um Fraktale oder organische Muster zu reproduzieren.[52] Diese Produktionsregeln lassen sich beispielsweise als formale Grammatik folgendermaßen beschreiben:

---

[50] Vgl. Shaker et al., 2016, S.65f.
[51] Vgl. Shaker et al., 2016, S.75f.
[52] Vgl. Shaker et al., 2016, ebenda.

$$P = \{A \rightarrow AB, B \rightarrow A\}$$

Nun werden die Produktionsregeln iterativ ausgeführt:

1. A
2. AB
3. ABA
4. ABAAB
5. ABAABABA
6. ABAABABAABAAB
7. ABAABABAABAABABAABABA
8. ABAABABAABAABABAABABAABAABABAABAAB[53]

Mit dieser Methode sind sehr komplexe und besonders natürliche Strukturen möglich, welche dann grafisch interpretiert und somit als Medieninhalt genutzt werden können. Die endgültige grafische Ausführung wird für gewöhnlich mittels „turtle graphics" umgesetzt.[54] Hierbei wird ein virtueller Cursor entsprechend der Produktionsregeln bewegt, sodass der eingezeichnete Pfad des Cursors, das Resultat repräsentiert:

Abb. 18: Koch-Kurve erzeugt durch das L-System F →F + F − F − F + F nach 0, 1, 2, 3 Iterationen. Der Cursor hierbei kann sich nach einem gezeichneten Pfad nach vorne (F) 90° nach links (-) oder rechts (+) bewegen. (Shaker, 2016)

[53] Shaker et al., 2016, S.76.
[54] Vgl. Shaker et al., 2016, S.76f.

3.4.1 Geklammerte L-Systeme (Bracketed L-Systems)

In der zuvor vorgestellten Variante zur Darstellung von grafischen L-Systemen ist es nicht möglich quasi den „Stift zu heben" und an einer anderen wieder anzusetzen, um noch komplexere Gebilde zu erstellen. Damit dies möglich wird werden eckige Klammern eingesetzt, die ähnliche wie bei einem Kellerautomaten den Zugriff zu einem Stack-Speicher gewähren. Hierdurch können Schritte beim Zeichnen nach dem „turtle graphics" Prinzip gespeichert werden, um so Sprünge des Cursors zu ermöglichen.[55]

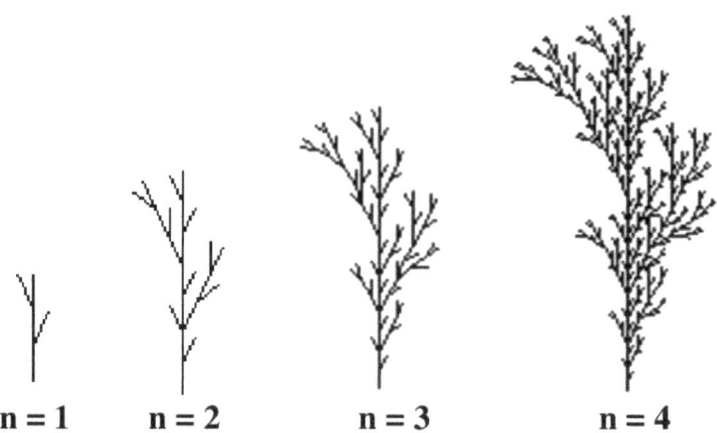

Abb. 19: Mit geklammerten L-Systemen ist es möglich z.B naturgetreuen Pflanzenwachstum zu imitieren. Hier kann man die Iterationen eines geklammerten L-System mit F→F[−F]F[+F][F] sehen. (Shaker, 2016)

3.5 Computerassistierter Ansatz (Mixed-initiative)

PS-Algorithmen können in vielen Fällen mit Inhalten von Designern vermischt werden. Diese „händisch" erstellten Inhalte werden zuvor berücksichtig oder auch anschließend zur Ergänzung des gewünschten Resultats hinzugefügt. Somit bildet der computerassistierte

---

[55] Vgl. Shaker et al., 2016, S.77.

Ansatz oft eine „gute" Möglichkeit die Vorteile beider Arbeiten zu vereinen und Nachteile zu minimieren.[56] Hierzu wird oft auf Software zurückgegriffen, die für computerassistierte Contenterstellung entwickelt worden ist.[57]

4. Künstliche Intelligenz

Eine wichtige Bemerkung an dieser Stelle ist, dass die bisher vorgestellten Algorithmen in Teilen die Grundlange der Künstlichen Intelligenz (KI) bilden. Suchbasierte Systeme und konstruktive evolutionäre Algorithmen werden in dieser Form auch in der allgemeinen KI-Implementierung angewandt. Hierzu gehören z.B Wegfindungs-Algorithmen und Interaktions-Roboter.[58] Die konsequente Fortführung ist hierbei auf dem Feld des maschinellen Lernens wiederzufinden. Hierdurch ist es auch schwierig eine klare Definition von KI aufzuführen, da viele Zweige und Bereiche in dieses Forschungs- und Arbeitsfeld einfließen. Historisch betrachtet wird KI mehr mit logikbasierten oder metaphorischen Problemaufstellungen in Verbindungen gebracht, während „computaional intelligence" biologische Erkenntnisse und statistische Methoden anwendet, um z.B mit neuronalen Netzwerken Berechnungsergebnisse zu erzielen.[59] Ein diskrete Unterscheidung ist heutzutage nicht mehr möglich, da viele Anforderungsprofile Anwendungen aus beiden Feldern erfordern.

4.1 Erfolgreiche KIs im Bereich der Spiele

Die Anfänge der KI gehen auf Alan Turing zurück, der durch seine Arbeit am Minimax-Algorithmus die Anwendungsmöglichkeit im Schach formulierte.[60] Eine programmierte Umsetzung dieses Algorithmus fand 1952 durch A. S. Douglas im Rahmen seiner Dissertation an der Cambridge University statt. Hier konnte die KI das Spiel Tic-Tac-Toe gegen einen

---

[56] Vgl. Yannakakis, Georgios N. / Togelius, Julian: Artificial Intelligence and Games, 1. Auflage, Cham, Schweiz: Springer, 2018, S. 176ff.
[57] Vgl. Yannakakis et al., 2018, ebenda.
[58] Vgl. Yannakakis et al., 2018, S. 11.
[59] Vgl. Yannakakis et al., 2018, S. 7.
[60] Vgl. Yannakakis et al., 2018, S. 8.

menschlichen Spieler bestreiten.[61] Einige Jahre danach führte Arthur Samuel die erste Version eines lernfähigen Algorithmus ein, welcher durch das „reinforcement learning" den Grundstein des maschinellen Lernens stellte. Dieser Algorithmus war in der Lage das Spiel Dame selbst zu erlenen.[62] Viele KIs beschränkten sich lange Zeit auf die Spiele Dame und Schach, die sich dann vor allem mit menschlichen Spielern messen mussten. Nach dem Sieg von IBMs Deep Blue KI 1997 über den berühmten Schach-Großmeister Garry Kasparov, wendete sich IBM der KI Watson zu, welcher in der Lage war 2011 natürliche Sprache zu verstehen und im Rahmen eines Quiz-Wettbewerbs (Jeopardy!: Eine Amerikanische Show-Sendung) sich gegenüber menschlichen Teilnehmern durchzusetzen.[63] Der jüngste Meilenstein in der KI-Entwicklung ist hierbei Google DeepMinds AlphaGo, welcher 2017 den amtierenden Go Weltranglisten Ersten Ke Jie in 3 Spielen schlug.[64]

4.2 Bedeutung für Contenterstellung

Die Anwendung von fortgeschritten KI-Methoden zur Synthese von Spielelementen, ist zurzeit in der Videospielbranche nicht weit ausgeprägt. Dies liegt insbesondere an der speziellen Anforderung an Hardware, Kompetenz und Infrastruktur, die damit einher geht. Dennoch ist das Potenzial da, besonders mithilfe des maschinellen Lernens und im speziellen mit neuronalen Netzwerken, qualitative Spielinhalte mithilfe von genügend vorhandenem Datenmaterial zu generieren. Der Ansatz hierbei wird im nachfolgenden Kapitel näher beleuchtet. Hierbei werden nicht wie in zuvor geschilderter Weise statische „Regeln" genutzt, um akzeptable Resultate zu berechnen. Vielmehr beruht die Idee darauf ein System so zu „trainieren", dass es möglichst genauso gute neue Ergebnisse liefert, wie zuvor in das System eingespeist worden ist. Somit können die Ergebnisse eine bemerkenswerte Qualität, wie in anderen Bereichen in denen KIs bereits zum Einsatz kamen, erreichen.

---

[61] Vgl. Yannakakis et al., 2018, ebenda.
[62] Vgl. Yannakakis et al., 2018, ebenda.
[63] Vgl. Yannakakis et al., 2018, ebenda.
[64] Vgl. Yannakakis et al., 2018, ebenda.

Eine wichtige Grundlange für das maschinelle Lernen ist der Einsatz von neuronalen Netzen, ,die aus der Neurobiologie inspiriert auf entsprechende Erkenntnisse der Gehirnforschung zurückgreifen.[65] Ein neuronales Netz besteht aus Neuronen, die jeweils eine sogenannte Gewichtung tragen. Eingabewerte werden durch mehrere Schichten von Neuronen durchgespeist, diese werden dann am Ende ausgelesen und mit einer Fehlerfunktion angepasst, falls diese im Trainingsprozess Abweichungen von den Trainingsdaten aufweisen.[66]

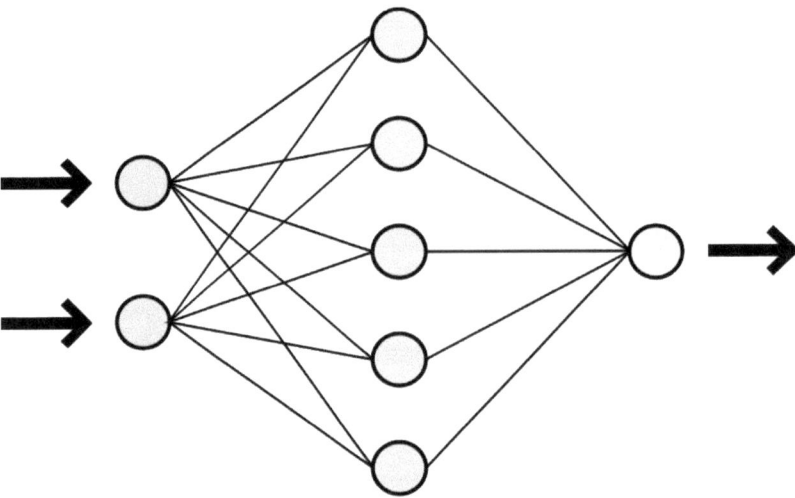

Abb. 20: Schematische Darstellung eines neuronalen Netzes. Zunächst werden Trainingsdaten mittels der Input-Neuronen (Grün) eingespeist. Daraufhin werden diese Werte in den Neuronen der verdeckten Schicht (Blau) bearbeitet bis Sie am Ausgangsneuron (Gelb) ein Ergebnis geliefert wird, welches mit dem Zielergebnis verglichen werden kann. Sind Abweichungen vorhanden werden die Gewichtungen der verdeckten Schicht angepasst. So entsteht die Trainingswirkung in neuronalen Netzen. (Wikimedia, 2006)

---

[65] Vgl. Yannakakis, 2018, S. 174f.
[66] Vgl. Yannakakis, 2018, ebenda.

4.4 Beispiel: Mystical Tutor

Wie maschinelles Lernen beim Entwickeln von Computerspielen oder Inhalten für Computerspiele mitwirken kann, zeigt das Designtool Mystical Tutor. Dieses Tool ist speziell für das Sammelkartenspiel Magic: The Gathering von Wizards of the Coast LLC entworfen worden. Dieses Kartenspiel ist bereits 1993 veröffentlicht worden und erfreut sich bis heute einer großen Spielegemeinschaft, da in regelmäßigen Abständen neue Karten und neue Spielmechaniken herausgebracht werden. Diese neuen Karten, die zum Grundspiel hinzukommen, müssen entsprechend Ihrer Attribute balanciert sein, sodass die Wertigkeit anderer Karten nur minimal beeinträchtigt wird. 13 651 Karten mit 7 Attributen wurden als Trainingssatz für ein Long Short Term Memory Recurrent Neural Network (kurz. LSTM RNN) herangezogen, um völlig neue Karten zu generieren, welche mit Ihren Eigenschaften ins Spiel integriert werden können.[67] Das Tool soll jedoch einen Spieldesigner dabei unterstützen neue Spielinhalte zu erstellen. Daher bestimmt der Designer einige Attribute und Mystical Tutor ergänzt daraufhin passende Eigenschaften.[68]

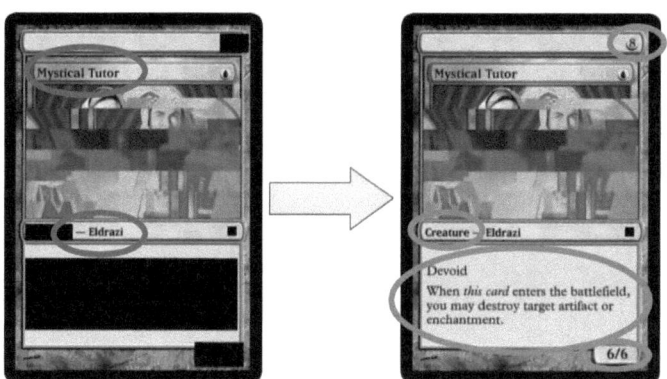

Abb. 21: Links eine Karte mit vorgegeben Attributen. Als Nächstes liefert Mystical Tutor weitere Eigenschaften die zur Karte passen könnten. (Die geschwärzten Bereiche links erhalten rechts einen adäquaten Inhalt (Grün)). (Summerville, 2016)

---

[67] Vgl. Summerville, Adam James / Mateas, Michael: Mystical Tutor: A Magic: The Gathering Design Assistant via Denoising Sequence-to-Sequence Learning, in: ´Proceedings of the twelfth AAAI conference on artificial intelligence and interactive digital entertainment (AIIDE-16), AAAI Press, 2016, S. 88.
[68] Vgl. Summerville et al., 2016, S. 87.

4.5 Ausblick NVIDIA

Wie bereits erwähnt ist Anreiz dieser Arbeit die Demovorstellung von NVIDIA Ende 2018 zur Echtzeitrenderung neuer interaktiver 3D-Umgebungen mittels Deep-Learning.[69] Es wurden hierzu Videosequenzen von Autofahrten in verschiedenen Städten als Trainingssatz für ein neuronales Netz genutzt, um realistische Umgebungen und Verhaltensweisen von Verkehrsteilnehmern nachzuempfinden.[70] Diese Resultate sind vor allem der Hochleistungshardware, insbesondere der parallelen Berechnungsweise der firmeneigenen GPUs und den entsprechenden Rechenzentren zu verdanken. Somit ist ein Grundstein gelegt besonders realistische virtuelle Welten zu schaffen, ohne einzelne Elemente von Hand designen zu müssen.[71] Die hierbei synthetisierte Umgebung ist zudem beliebig manipulierbar.

Abb. 22: Links ist ein Standbild aus einer der besagten Autofahrten zu sehen. Rechts die KI-generierte interaktive virtuelle Umgebung. (Nvidia Corporation, 2018)

---

[69] Vgl. Nvidia Corporation, 2018, [online] https://news.developer.nvidia.com/nvidia-invents-ai-interactive-graphics/?ncid=so-you-ndrhrhn1-66582 [07.07.2018]
[70] Vgl. Nvidia Corporation, 2018, [online] ebenda
[71] Vgl. Nvidia Corporation, 2018, [online] ebenda

Eine Übertragung und Simulation von Ereignissen in dieser virtuellen Welt könnten zu wichtigen Erkenntnissen verschiedener Problemstellungen unserer Zeit und die der Zukunft beitragen. Zu konkreten Anwendungsfällen heißt es: *„Apart from purely scientific interests, learning to synthesize continuous visual experiences has a wide range of applications in computer vision, robotics, and computer graphics"*[72]

5. Fazit

Ich persönlich bin äußerst fasziniert über die Resultate und Potenziale, welche die moderne KI-Forschung präsentiert. Die Möglichkeiten der Zukunft und der Einfluss auf die Gesellschaft scheinen mir immens. Allein das Potenzial in dem Bereich der Medizin, zeigt mir auf wie wohltätig KI für die Menschheit sein kann. Andererseits sehe ich auch Nachholbedarf in der Justiz, im Jugendschutz oder auch Datenschutz, um diese Errungenschaften gerecht und fair in unseren Alltag zu integrieren zu können. Ich wünsche mir daher auch, dass die kritische Stimme zur KI-Forschung und KI-Industrie präsenter in der Gesellschaft diskutiert wird, da sicher auch Missbrauchsfälle mithilfe Künstlicher Intelligenz, und der somit erstellten Inhalte, verheerende Auswirkungen haben können.

---

[72]NVIDIA Developer, 2018, [online] ebenda

Quellenverzeichnis

1. Yannakakis, Georgios N. / Togelius, Julian: Artificial Intelligence and Games, 1. Auflage, Cham, Schweiz: Springer, 2018

2. Summerville, Adam James / Mateas, Michael: Mystical Tutor: A Magic: The Gathering Design Assistant via Denoising Sequence-to-Sequence Learning, in: ´Proceedings of the twelfth AAAI conference on artificial intelligence and interactive digital entertainment (AIIDE-16), AAAI Press, 2016

3. Shaker, Noor / Togelius, Julian / Nelson, Mark J.: Procedural Content Generation in Games, 1. Auflage, Cham, Schweiz: Springer, 2016

4. Adams, Tarn: Procedural Generation in Game Design, 1. Auflage, Boca Raton, USA: CRC Press, 2017

5. Darwin, Charles: The Origin of Species - By Means of Natural Selection, or the Preservation of Favoured Races in the Struggle for Life, 1. Auflage (1876), Digitale Version, New York, USA: Cambridge University Press, 2009

6. Togelius, J / Nardi, R.D., Lucas, S.M.: Making racing fun through player modeling and track evolution, in: Proceedings of the SAB'06 Workshop on Adaptive Approaches for Optimizing Player Satisfaction in Computer and Physical Games, 2016

7. Eno, Brian: Generative Music, in: A talk delivered in San Francisco, 08.06.1996, [online] www.inmotionmagazine.com/eno1.html [abgerufen am: 07.07.2019]

8. Borda, Boris: Starcraft 2: Wings of Liberty - So geht es in Zukunft weiter - Zusammenfassung der BlizzCon 2016, 05.11.2016, [online] https://www.pcgames.de/Starcraft-2-Wings-of-Liberty-Spiel-34650/News/So-geht-es-in-Zukunft-weiter-Zusammenfassung-der-BlizzCon-2016-1212607/ [abgerufen am: 08.07.2019]

9. Fachstelle für Jugendmedienkultur: Starcraft2, in: Spieleratgeber NRW, o. J., [online] https://www.spieleratgeber-nrw.de/Starcraft-2.3182.de.1.html [abgerufen am: 08.07.2019]

10. PCG Wikidot: What is Procedural Content Generation?, 06.07.2019, [online] http://pcg.wikidot.com/ [abgerufen am: 07.07.2019]

11. Statista: Anzahl der Internetnutzer weltweit in den Jahren 2005 bis 2017 sowie eine Schätzung für das Jahr 2018 (in Millionen), Dezember 2018, [online] https://de.statista.com/statistik/daten/studie/805920/umfrage/anzahl-der-internetnutzer-weltweit/ [abgerufen am: 07.07.2019]

12. Frauenhofer-Gesellschaft: Kommunikation und Wissen – Big Data, 2019, [online] https://www.fraunhofer.de/de/forschung/forschungsfelder/kommunikation-wissen/big-data.html [abgerufen am: 07.07.2019]

13. Sheldon, Robert: KI versus Big Data: Vergleich der aufstrebenden Technologien, Juni 2018, [online] https://www.computerweekly.com/de/feature/KI-versus-Big-Data-Vergleich-der-aufstrebenden-Technologien [abgerufen am: 07.07.2019]

14. Jaedtke, Kathleen: KI als kreative Intelligenz? 4 Misserfolge und 3 Erfolge, 06.03.2019, [online] https://blog.hubspot.de/marketing/kreative-intelligenz [abgerufen am: 07.07.2019]

15. Stiftung für effektiven Altruismus: Künstliche Intelligenz: Chancen und Risiken – Diskussionspapier, 2015, [online] chrome-extension://oemmndcbldboiebfnladdacbdfmadadm/https://ea-stiftung.org/s/Kunstliche-Intelligenz-Chancen-und-Risiken.pdf [abgerufen am: 07.07.2019]

16. Nvidia Corporation: NVIDIA Invents AI Interactive Graphics, 03.12.2018, [online] https://news.developer.nvidia.com/nvidia-invents-ai-interactive-graphics/?ncid=so-you-ndrhrhn1-66582 [abgerufen am: 07.07.2019]

17. Welt (Axel Springer SE): Vater der Fraktale - Mandelbrot bewies die Schönheit der Mathematik, 17.10.2010, [online] https://www.welt.de/wissenschaft/article10361079/Mandelbrot-bewies-die-Schoenheit-der-Mathematik.html [abgerufen am: 07.07.2019]

18. Dambeck, Holger: Numerator: Apfelmännchen erobert die dritte Dimension, in: Spiel Online / Wissenschaft, 29.12.2009, [online] https://www.spiegel.de/wissenschaft/mensch/numerator-apfelmaennchen-erobert-die-dritte-dimension-a-669220.html [abgerufen am: 07.07.2019]

19. Jan Bojaryn: Prozedurale Generierung – Computer werden kreativ, 10.04.2014, [online] https://www.golem.de/news/prozedurale-generierung-computer-werden-kreativ-1404-105415.html [abgerufen am: 07.07.2019]

20. Dotson, Carter: The Beginner´s Guide to Rougelikes, 24.06.2019, [online] https://www.lifewire.com/what-are-roguelikes-4117411 [abgerufen am: 08.07.2019]